MARGUERITE GUILLAUME

24 mars 1879 — 11 décembre 1897.

MADAME JAMES GUILLAUME

NÉE ÉLISE GOLAY

11 août 1841 — 26 décembre 1901.

MARGUERITE GUILLAUME

24 mars 1879 — 11 décembre 1897.

DISCOURS

PRONONCÉ AUX OBSÈQUES

DE

MARGUERITE GUILLAUME

LE 13 DÉCEMBRE 1897

PAROLES

PRONONCÉES A LA MAISON MORTUAIRE, A PARIS

85, *Boulevard de Port-Royal,*

LE 13 DÉCEMBRE 1897

Par M. F. BUISSON

Chers amis,

Nous ne pouvons pas laisser partir cette pauvre chère enfant sans lui dire au nom de tous un dernier adieu. Quoi qu'il nous en coûte, nous lui devons cet effort.

Quand nous l'avons vue ici même, il y a si peu de temps, rassemblant toutes ses forces pour sourire au bonheur de sa sœur, n'ayant qu'un souci, celui de ne pas assombrir cette fête de famille, nous savions bien dès lors quelle menace pesait sur elle. Mieux que personne elle le savait, le sentait, et elle n'avait pu empêcher ses noirs pressentiments de passer dans l'âme de ses malheureux parents. Mais nous, qui ne savions pas tout, nous gardions l'espoir, nous ne pouvions nous défendre de croire à la jeunesse, de croire à la science, de croire au dévouement. Elle avait toutes ces puissances à son service. Hélas! rien n'a pu triompher du mal invisible qui faisait son œuvre. Et nous voilà en présence de l'irréparable.

Sous ce coup, le plus cruel qui puisse atteindre l'âme humaine, ses parents anéantis de douleur sont restés, même en de tels instants, fidèles à leur conscience, à la conscience de l'enfant qu'ils pleurent. Et c'est pourquoi ils n'ont pas voulu que devant ce cercueil, où disparaissent tant d'espérances brisées, il fût prononcé une parole, accompli une cérémonie à laquelle, vivante, elle n'aurait pas pu s'associer de tout son cœur. Cette jeune fille avait beaucoup réfléchi, beaucoup vécu par la pensée et par la conscience, trop peut-être ; elle savait, comme bien peu le savent à son âge, ce qu'elle croyait et ce qu'elle ne croyait pas. Et, rien au monde ne lui faisant horreur comme le mensonge, rien non plus ne lui faisait plus peur qu'un acte quelconque qui ne fût pas en parfaite conformité avec son intime conviction, avec son extrême, son excessive délicatesse de conscience ; elle se serait crue coupable en se prêtant à une manifestation dépassant si peu que ce fût la mesure exacte de ses croyances. Ceux qui l'ont élevée dans ces principes sont sûrs d'avoir déféré au plus cher désir de leur enfant en s'interdisant, même à cette heure de trouble sans nom, tout ce qu'elle se serait interdit. Oui, même à ce moment où le cri de la nature est plus fort que toute pensée, où il semble que le besoin d'espérances et de consolations quand même est le seul sentiment qui survive en nous, ils restent devant la mort tels qu'ils étaient devant la vie, et ils pleurent en silence...

C'est le moment de nous rappeler ce mot d'un grand penseur religieux (Vinet): « L'absolue sincérité est à elle seule toute une religion ». C'est la religion que nous honorons et que nous respectons ici, quelles que soient nos convictions. Nous sentons qu'il ne nous appartient pas de juger la conscience d'autrui. Mais si nous devons laisser croire ceux qui croient et douter ceux qui doutent, nous ne pouvons pas laisser pleurer ceux qui pleurent sans venir leur dire : « Il y a des cœurs amis qui souffrent avec vous, qui communient avec vous dans la douleur ; ils savent tout ce que vous avez fait pour cette enfant, qui n'a presque connu de la vie que l'amour de ses parents et la souffrance, hélas ! prématurée ; ils se souviendront avec vous de celle qui n'est plus ».

Voici l'heure venue de la conduire à sa dernière demeure. D'un seul cœur, à travers nos larmes, nous lui disons : Adieu, Marguerite, adieu !

MADAME JAMES GUILLAUME

NÉE ÉLISE GOLAY

11 août 1841 — 26 décembre 1901.

DISCOURS

PRONONCÉ AUX OBSÈQUES

DE

MADAME JAMES GUILLAUME

LE 28 DÉCEMBRE 1901

PAROLES

PRONONCÉES A LA MAISON MORTUAIRE, A PARIS

164, *Boulevard du Montparnasse,*

LE 28 DÉCEMBRE 1901

Par M. F. BUISSON

CHERS AMIS,

Il y a quatre ans — il me semble que c'était hier — nous étions ainsi réunis autour d'un autre cercueil drapé de blanc. C'était une enfant bien-aimée qui s'en allait, laissant ses parents dans le deuil et la stupeur. Hélas ! nous ne savions pas, nous ne pouvions pas savoir tout ce qu'elle emportait d'eux avec elle, et que le coup qui la brisait briserait à jamais, non seulement leur bonheur, mais leur vie même. Sur eux deux tour à tour et tout ensemble allait s'abattre une longue suite de calamités.

C'est d'abord le père qui parut devoir en porter tout le poids. En dépit de sa raison et de son caractère, le désespoir fut le plus fort, et le tortura si cruellement que pendant de longs mois nous fûmes anxieux pour lui, doutant presque qu'il pût sortir de cette crise terrible. Et tant que dura cette angoisse, ce fut la mère, celle que nous pleurons, qui dut et qui sut faire face à tout, répondre aux coups du sort par un redoublement de courage, de sang-froid, de muette et ferme résignation. Et à elle aussi, rien ne fut épargné : elle voyait son mari aux prises avec la maladie, elle voyait son gendre perdant sa position, menacé dans sa santé, incertain de tout avenir ; elle voyait sa fille, la seule qui lui restait, en proie à toutes les inquiétudes ; et il y eut toute une période où ces deux femmes, la mère et la fille, seules et désemparées, durent trouver en elles-mêmes la force de ne pas désespérer alors que tout espoir semblait s'évanouir.

Quand enfin une sorte de sursaut de la volonté eut remis sur pied notre ami, quand il put reprendre sa vie de travail, ce fut le tour de sa pauvre femme de s'affaisser. Nous avons tous suivi avec une douloureuse sympathie les péripéties de ses souffrances, qui ne changeaient de forme que pour s'aggraver, maladie après maladie, sa vue compromise, puis perdue, son tempérament à jamais ruiné, et les lents progrès du mal qui, peu à peu, l'anéantissait. Mais ce qu'il ne nous a pas été donné de voir aussi bien, c'est le travail moral intérieur qui correspondait à cette ruine du corps. Oh ! comme il est vrai qu'une grande douleur nous grandit ! Comme elle avait grandi dans la souffrance, cette femme, cette mère qui eut tant à apprendre pour suffire à des devoirs si nouveaux, si imprévus et si amers ! Elle qui semblait faite pour vivre effacée dans l'ombre de son mari, il lui fallut bien être chef de famille, et d'une famille dans la désolation ; elle qui eût tant aimé le calme, la vie paisible et réglée, elle connut toutes les secousses et toutes les agitations. Et quand, tout le reste étant remis en ordre, il n'y eut plus que sa santé qu'il fallut renoncer à rétablir, avec quelle douceur et quelle simplicité elle s'y résigna, ayant appris à souffrir en silence, à comprimer même les cris de protestation que la nature nous arrache !

C'est dans ces dernières années, années de deuil et de tristesse sans nom, que nos amis ont fait ensemble l'expérience de ce que peut, même dans cet excès du mal, le seul remède et la seule consolation qui leur restait, l'étroite et parfaite intimité d'âme. De plus en plus, la vie, la souffrance et la réflexion les avaient non pas rapprochés, mais unis. M⟨me⟩ Guillaume, partie d'un milieu où régnaient les croyances et les habitudes traditionnelles, avait bientôt senti commencer en elle un long et silencieux travail. Le changement se fit d'autant plus profond qu'il se faisait librement, mûrement. Ce qui l'instruisit et la convertit, elle, aux idées de son mari, ce ne fut pas la discussion, ce ne fut pas l'autorité, ce fut de le voir de près, de le voir vivre et de vivre avec lui. Dans leurs années de jeunesse, elle avait vu de quels sacrifices est capable un homme de conviction ; elle comprit ce que c'était qu'un homme qui a la foi ; elle n'eut pas de peine à découvrir qu'il y a plus d'une religion et plus d'une foi, et celle de son mari lui apparut si belle, si noble, si virile, que peu à peu son esprit ne voulut plus être éclairé ni son cœur réchauffé ailleurs qu'à ce foyer vivant. Et ce fut la source profonde du seul bonheur, hélas ! qui ne leur ait pas été ravi.

Et maintenant, celui des deux qui reste seul à poursuivre son morne sentier, non, il ne reste pas seul : car il la sentira toujours auprès de lui et au fond de lui. N'importe ! c'est un dur moment, — oui, dur et navrant. Et c'est pourquoi nous sommes venus ici, dans une commune émotion, apporter à celui qui reste un témoignage de profonde sympathie, et à celle qui s'en va un hommage de respect, avec notre dernier adieu.

CHARTRES. — IMPRIMERIE DURAND, RUE FULBERT.

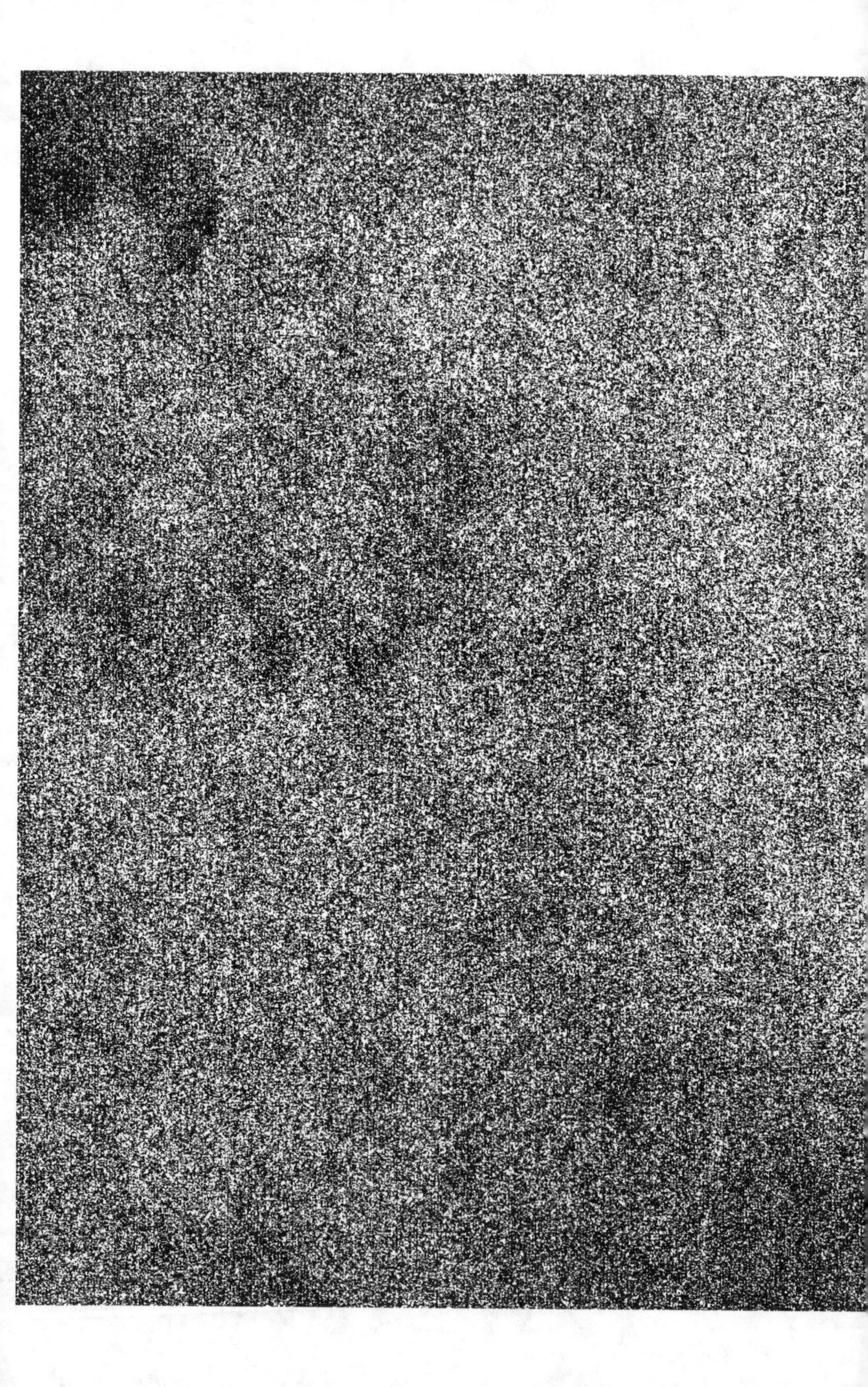